Ingrid Moras

WEIHNACHTSSCHMUCK

festlich schön

Ingrid Moras, Grund- und Hauptschullehrerin mit Schwerpunkt Kunsterziehung, ist seit vielen Jahren als Autorin im Bereich „Kreatives Gestalten" tätig. Ihre Themenbreite umfasst Seiden- und Stoffmalerei, Arbeiten mit Papier oder Holz, Perlentiere sowie Perlenschmuck in allen Variationen.

VORWORT

Schöne Weihnachtszeit

Weihnachten rückt immer näher. Da wird es Zeit, die Wohnung festlich zu dekorieren und die Weihnachtspost an Freunde und Verwandte zu verschicken. Mit selbst gebastelten Dekorationen und Karten geben Sie somit der Weihnachtszeit Ihre ganz persönliche Note.

Entspannen Sie sich beim Basteln von festlichen Windlichtern mit Window Color, Draht oder Satinierfarben. Erstellen Sie mit geringem Aufwand Weihnachtskarten, die so einzigartig sind, dass sie ganz sicher nach der Weihnachtszeit nicht im Papierkorb enden werden. Metallic-Folien und Satinierfarben verwandeln schnell Gläser und Kugeln in edle Fenster- und Tischdekorationen, die sich wohltuend von der Massenware abheben.

Ich wünsche Ihnen eine geruhsame, friedliche Advents- und Weihnachtszeit und viel Freude beim Gestalten Ihres individuellen Weihnachtsschmucks.

MATERIAL & TECHNIK

Satinieren

Für das Satinieren können unterschiedliche Schablonen benutzt werden. Im Fachhandel werden **fertige Schablonen** mit unterschiedlichen Motiven angeboten. **Schablonen aus selbstklebender Folie** eignen sich gut für individuelle Motive. Die Vorlage (z. B. Bäume oder Sterne) auf Transparentpapier übertragen, ausschneiden und mit Klebeband auf der selbstklebenden Folie befestigen. Die Ausschnitte mit einem Skalpell oder Cutter auf einer schnittfesten Unterlage anbringen. Mit **Isolierband** werden eher grafische Muster hergestellt, z. B. Spiralen. Dabei begrenzt das Isolierband das jeweilige Motiv. Es kann gerade (bei Spiralen) oder auch geschwungen (bei Eiszapfen, Rauchsäulen oder Hügeln) aufgeklebt werden.

So gehts

1 Die jeweilige Schablone auf dem Glas anbringen und die Ränder gut andrücken. Die selbst erstellten Schablonen können nur einmal benutzt werden.

2 Für einen flächigen Auftrag der Satinierfarbe an einem kleinen Stück feinen Schwamm (z. B. Spongschwamm) eine Halteklammer (im Fachhandel erhältlich) oder eine Wäscheklammer befestigen. Die Satinierfarbe mit dem Schwamm aufnehmen und die Motivflächen zügig mehrmals senkrecht betupfen. Je feiner der Schwamm, desto feiner der Farbauftrag. Am besten pro Farbe je einen Schwamm benutzen. Zum Ziehen feiner Linien Satinierfarbe direkt aus der Flasche auftragen. Dazu eine Maldüse (0,7 mm Ø) aufschrauben.

Wichtig: Möglichst das Band oder die Schablone wieder vorsichtig abziehen, bevor die Farbe angetrocknet ist; nur so fransen die Ränder nicht aus. Unsaubere Ränder können im getrockneten Zustand mit einem schräg angesetzten Skalpell oder einer Rasierklinge abgeschabt werden.

3 Die Malerei gut trocknen lassen (je nach Hersteller bis zu 10 Stunden). Anschließend die Gläser in den Backofen stellen und bei 150 Grad etwa 20 Minuten lang erhitzen. Die Gläser im Backofen auskühlen lassen. Bitte Herstellerhinweise beachten.

Mit Folienkleber gestalten

1 Die Vorlage auf Transparentpapier übertragen und auf der Rückseite mit weichem Bleistift nachzeichnen. Die Vorlage auf den Karten oder Kugeln platzieren und mit einem harten Bleistift übertragen. Für dünne Linien eine feine Metalldüse (0,7 mm Ø) aufschrauben und den milchigen Kleber direkt aus der Flasche aufmalen. Nach dem Trocknen (je nach Klebstoffmenge ein bis sechs Stunden) wird der Kleber transparent. Die Linien sind erhaben und eignen sich auch gut als Konturen für Window-Color-Farben.

2 Wenn der Kleber transparent ist, die Metallic-Folie so auflegen, dass die glänzende Goldseite nach oben zeigt, und mit den Fingern gut andrücken. Die Folie anschließend vorsichtig abziehen; die Folienbeschichtung haftet nun auf dem Kleber. Wenn zwei verschiedenfarbige Metallic-Folien benutzt werden, zunächst alle Motivteile mit der gleichen Folie arbeiten, dann erst

den Kleber für die Motivteile mit der anderen Farbe auftragen.

Auf der Steckplatte formen

1 Die gewünschte Vorlage unter die Steckplatte schieben und die Steckstifte nach der Vorlage in die entsprechenden Löcher stecken.

2 Den Aludraht (2 mm Ø) um die Stifte herumbiegen, dabei mit einem Drahtende beginnen (siehe Vorlage). Den ersten Kreis mit der Rundzange drehen. Zuletzt den Draht nochmals um den ersten Stift zum Kreis biegen und den Überstand abschneiden.

3 Die Drahtbiegungen mit der Unterseite eines Stiftes oder Rundstabs möglichst flach andrücken. Das Motiv von der Platte abheben und den ersten und letzten Kreis deckungsgleich mit dünnerem Draht zusammenbinden.

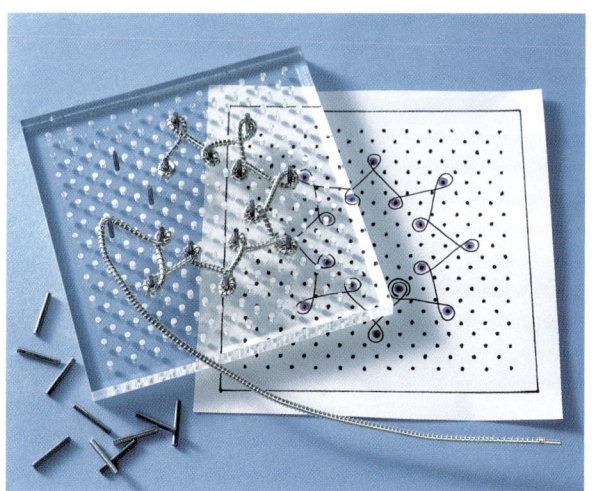

Metallfolien prägen

1 Die auf Transparentpapier gezeichnete Vorlage spiegelverkehrt mit Klebeband auf der Prägefolie fixieren und die Linien mit leichtem Druck nachfahren.

2 Die Vorlage abheben, die Folie auf einen weichen Untergrund (z. B. Styropor, Filz, eine Zeitung) legen, die Linien kräftig mit einem Prägestift oder Kugelschreiber nachziehen und so einprägen. Zum Schluss die Motivteile ausschneiden.

Malen mit Window Color

1 Die Vorlage auf Transparentpapier übertragen und mit Klebeband unter Folie oder Kunststoff-Formen fixieren. Frei hängende Figuren mit transparenter Laternenfolie (0,2 mm) oder stabiler Folie (0,4 mm) arbeiten. Nach dem Trocknen der Farben die Motive mit einer kleinen, spitzen Schere an den Umrissen entlang ausschneiden.

2 Die Konturenfarbe direkt aus der Flasche lückenlos auftragen. Für dünne Linien eine Metall-Feindüse (0,7 mm Ø) aufschrauben. Sechs bis acht Stunden trocknen lassen.

3 Die Felder anschließend mit reichlich Window-Color-Farben bis zu den Konturen ausmalen. Für fließende Farbübergänge zwei Farben aneinander setzen und anschließend mit einer Sticknadel so lange spiralförmig ineinander verziehen, bis ein sanfter Farbübergang entsteht. Nach dem Trocknen (ca. 12 Stunden) werden die Farben transparent.

MATERIAL

WEIHNACHTSKARTEN

- *Doppelkarten in Grau meliert, DIN A5, 210 x 148 mm*
- *Bananenpapier in Mint*
- *Folienkleber*
- *Metallic-Folie in Gold*
- *Hologramm-Folie in Gold, selbstklebend*
- *Klebestift*

VORLAGEN 1, 2 Seite 48

Glitzersterne

1 In je ein Rechteck aus Bananenpapier nach der jeweiligen Vorlage die Motivlinie einschneiden. Die zwei Hälften am oberen und unteren Rand der Karte flächig mit Klebestift fixieren.

2 Mit Folienkleber einen Rahmen aufzeichnen und die Konturen der Motive nachmalen. Wenn der Kleber transparent ist, die Folie mit der Goldseite nach oben auflegen und mit den Fingern gut andrücken. Die Folie vorsichtig wieder abheben. Sterne aus Hologramm-Folie schneiden und aufkleben.

Filigrane Anhänger
Material & Abbildung siehe Seite 8

1 Die Schablonen für den Baum, den Stern und die Bäume mit einem Skalpell oder Cutter aus Klebefolie ausschneiden und auf die Kunststoffformen kleben; am Rand ein wenig Folie überstehen lassen, damit sie später leicht abgezogen werden kann. Satinierfarbe in Gold und Frost mit je einem Schwamm aufnehmen und in senkrechten Stupfbewegungen auftragen; dabei die Farbübergänge mehrmals übertupfen. Die Folie sofort abziehen, solange die Farbe noch feucht ist.

2 Gold und Frost auch auf Laternenfolie auftupfen. Nach dem Trocknen die kleinen Motive ausschneiden, mit zwei Löchern versehen und mit kleinen Perlen auf einen 30 cm langen Messingdraht aufziehen. Die Enden des Drahtes zu flachen Spiralen eindrehen. Mit einem kurzen Drahtstück den Anhänger und die Mitte des Drahtes auf einem Rechteck aus Künstlerkarton festbinden. Den Karton aufkleben.

MATERIAL

Filigrane Anhänger

- Doppelkarte in Grün, DIN A5, 210 x 148 mm
- Doppelkarten in Champagner, DIN lang, 210 x 210 mm
- Künstlerkarton in Ultramarin
- Kunststoffhänger „Glocke", „Stern", „Tannenbaum", transparent
- Satinierfarben in Frost, Gold
- Messingdraht, 0,3 mm Ø
- Metallic-Perlen in Gold, 2,5 mm Ø
- Laternenfolie, 0,2 mm
- Klebestift

Zusätzlich

- Schwämmchen mit Halteklammer
- Klebefolie
- schnittfeste Unterlage
- Cutter
- große Nähnadel

VORLAGEN 3 – 5 Seiten 48, 49, 52

ANLEITUNG Seite 6

TIPP
Die Anhänger sehen auch schön als Geschenkanhänger aus. Ebenso können die Motive für Windlichter verwendet werden (siehe Seite 38).

MATERIAL

- Doppelkarten in Apricot, DIN A5, 210 x 148 mm
- Lederpapier in Rot
- Naturpapier in Grün
- Folienkleber
- Metallic-Folie in Gold
- Klebestift

VORLAGEN 6, 7 Seite 51

In festlichem Rot

1 Blüte, Herzen und Tannenbaum aus Lederpapier, Blätter aus Naturpapier ausschneiden. Die drei Sterne mit einem Cutter oder einer kleinen, spitzen Schere aus dem Tannenbaum ausschneiden und alle Motive auf den Karten fixieren.

2 Die goldfarbenen Linien und Punkte mit Folienkleber aufmalen. Sobald der Kleber transparent geworden ist, die Metallic-Folie mit der Goldseite nach oben auflegen und mit den Fingern gut andrücken. Die Folie vorsichtig abheben.

Edel in Gold
Material & Abbildung siehe Seite 12

1 Die Hintergründe aus Naturpapier ausschneiden und flächig aufkleben. Umrisse und Rahmen mit Folienkleber aufmalen. Die Metallic-Folie mit der Goldseite nach oben auf dem transparenten Kleber andrücken und vorsichtig abziehen.

2 Sterne, Blüten und Tannenbaum aus Prägefolie ausschneiden. Ein Stück Schwamm an einer Klammer fixieren und die Motive durch mehrmaliges Übertupfen mit Kupferfarbe gestalten. Nach dem Trocknen die Muster auf einer weichen Unterlage mit einem Prägestift eindrücken.

3 Auf 20 bzw. 40 cm langen Messingdraht vereinzelt Perlen aufziehen und Bögen, Blätter oder Spiralen formen. Sterne, Baum und Blüten aufkleben; dabei die Drahtelemente dazwischen fassen.

Edel in Gold

MATERIAL

- Doppelkarten in Champagner, DIN lang, 210 x 210 mm
- Naturpapier in Grün
- Prägefolie in Gold
- Messingdraht, 0,3 mm Ø
- Goldperlen, 2,5 mm Ø
- Folienkleber
- Metallic-Folie in Gold
- Farbe mit Patina-Effekt in Kupfer
- Klebestift
- Kraftkleber

Zusätzlich

- Schwämmchen mit Klammer
- Prägestift oder Kugelschreiber
- Zeitung oder Styropor

VORLAGEN 8 – 10 Seiten 49, 50
ANLEITUNG Seite 10

TIPP

Auch ohne Bemalung der Prägefolie sehen diese Karten sehr edel aus.

MATERIAL

- Doppelkarten in Ultramarin, Grün, DIN A5, 210 x 148 mm
- Fotokarton in Ultramarin
- Spitzenpapier „Stern" in Weiß
- Folienkleber
- Metallic-Folie in Gold, Regenbogen
- Hologramm-Folie in Gold, selbstklebend
- Konturenfarbe in Schwarz
- Window Color in Weiß
- Samtpuder in Weiß
- Acryl-Mattfarbe in Weiß
- Klebestift

VORLAGEN 11, 12 Seite 52

TIPP

Den Lichtpunkt im Auge mit einer Sticknadel auftragen.

Winterlich weiß

1 Weiße Motive aus Spitzenpapier, Schnäbel und Stern aus Hologramm-Folie ausschneiden und aufkleben. Alle goldenen Linien mit Folienkleber aufmalen. Wenn der Kleber transparent ist, die Metallic-Folie mit der Goldseite nach oben auflegen und mit den Fingern andrücken. Die Folie vorsichtig abziehen. Anschließend die Mütze und den Schal mit Folienkleber grundieren und nach dem Trocknen des Klebers Folie in Regenbogenfarben auflegen.

2 Für die flauschigen Schneeflocken Punkte aus weißer Window-Color-Farbe aufsetzen und sofort Samtpuder aufstreuen. Überschüssigen Puder abpusten. Zuletzt mit Schwarz die Augen aufmalen und einen Lichtpunkt setzen.

Schnell & schön
Material & Abbildung siehe Seite 16

1 Ein Rechteck aus Fotokarton und ein etwas größeres aus Prägefolie (siehe Vorlage) ausschneiden. Die Linien mit Folienkleber auf den Karton malen und trocknen lassen, bis sie transparent sind. Metallic-Folie mit der Goldseite nach oben auflegen und mit den Fingern gut andrücken. Anschließend die Folie vorsichtig abheben.

2 Zwei Millimeter vom Rand entfernt mit einem Kugelschreiber einen Rahmen in die Folie prägen. Die Bilder aufkleben und die Folie auf der Karte platzieren. Nach Wunsch Strasssteine aufkleben.

MATERIAL

Schnell & schön

- Doppelkarten; DIN A5, 210 x 148 mm, in Grün, Rot, Ultramarin
- Fotokarton in Regenbogenfarben
- Prägefolie in Gold
- Folienkleber
- Metallic-Folie in Gold
- Strasssteine in Topas, 4 mm Ø
- Klebestift
- Kraftkleber

Zusätzlich
- Prägestift oder Kugelschreiber
- Lineal
- Styropor oder Zeitung

VORLAGEN 13 – 15 Seite 53

ANLEITUNG Seite 14

MATERIAL

FENSTER-DEKO

Weihnachts-Vasen

- Reagenzglas, 15 cm, 25 mm Ø
- 2 Kunststoffhänger „Herz", 100 x 95 mm
- 2 Kunststoffhänger „Stern"
- Folienkleber
- Metallic-Folie in Gold
- Konturenfarbe in Schwarz
- Window Color in Strohgelb, Apfelgrün, Grasgrün, Blattgrün, Saphir, Samtblau
- Lackdraht in Blau, 0,5 mm Ø
- Metallic-Perlen in Blau oder Grün, 6 mm Ø
- Kraftkleber, transparent

VORLAGEN 16, 17 Seite 51

1 Zunächst die goldfarbenen Linien mit Folienkleber auf die Kunststoff-Formen und nach Wunsch auch auf das Reagenzglas aufmalen. Nachdem der Kleber transparent ist, die Metallic-Folie auflegen, mit den Fingern gut andrücken und abheben. Anschließend die schwarzen Konturen aufmalen und nach ausreichender Trocknungszeit die Felder mit Window Color ausmalen.

2 Das Reagenzglas mit Kraftkleber oder Silikon zwischen den beiden Scheiben einkleben. Nach dem Abbinden des Klebers einen Lackdraht mit der Mitte um das Reagenzglas legen und die Enden miteinander zur Kordel verdrehen. Einzelne Perlen aufschieben und mit Kleber fixieren. Einen zweiten Draht auf der anderen Seite des Reagenzglases ebenso befestigen. Beide Drahtkordeln am Ende miteinander verdrehen.

TIPP

Statt Folienkleber kann auch Konturenfarbe in Gold verwendet werden.

MATERIAL

- Fiberglastüte in Rot, 11 cm Ø, ca. 12,5 cm hoch
- Aludraht in Gold, 2 mm Ø
- Prägefolie in Gold
- Farbe mit Patina-Effekt in Kupfer
- Glasperlen in Peridot, 6 mm Ø
- Goldperlen, 4 mm Ø
- Messingdraht, 0,4 mm Ø
- Perlonfaden
- Kraftkleber, transparent

Zusätzlich

- Rosenkranzzange
- Schwämmchen mit Klammer
- Zeitung oder Styropor
- Prägestift oder Kugelschreiber
- Stricknadel

VORLAGEN 18, 19 Seiten 54, 55

Festliches Rot-Gold

Windlicht

1 Mit dem Schwamm einen kupferfarbenen Kreis (ca. 5 cm für die Mitte der Blüte) auf die Prägefolie tupfen. Nach dem Trocknen die Blüte auf der Rückseite einprägen: Dazu die Umrisse auf einer weichen Unterlage mit einem Prägestift fest nachfahren. Die Blüten ausschneiden. Für die Blütenmitte fünf Perlen auf einen Messingdraht schieben, den Draht nochmals durch die erste Perle ziehen, eine Perle aufnehmen und den Draht erneut durch die vierte Perle ziehen. Die Drahtenden verdrehen. Die Perlen mit Kraftkleber aufkleben; bei der kleinen Blüte eine einzelne Perle fixieren.

2 Um die Fiberglastüte einen 1,20 m langen Aludraht wickeln; die Enden jeweils mit einer kleinen Rundzange zu flachen Spiralen eindrehen. Den Draht an einem Loch im oberen Rand mit einem Messingdraht fixieren. Blüten und Perlen mit viel Kleber fixieren. In Abständen einzelne Perlen auf Messingdraht fädeln und den Draht nochmals durch die Perle ziehen. Den Draht über einer Stricknadel zur Spirale wickeln, dehnen, in den vier Löchern der Tüte einhängen, über der Tüte miteinander verdrehen und zu einer Schlaufe formen.

Für den **Blüten-Anhänger** eine Blüte arbeiten (s. o.). Einen 40 cm langen Aludraht zu einem s-förmigen Anhänger formen; die Enden zu flachen Spiralen eindrehen. Vier Bögen aus Messingdraht formen; die Drähte am Ansatz jeweils miteinander verdrehen. Aus einem 15 cm langen Aludraht eine flache Spirale drehen und mit der Blüte mit Silikon zusammenkleben; dabei die Bögen und den Anhänger dazwischen fassen. Mit Perlonfaden aufhängen.

MATERIAL

- Konturenfarben in Schwarz, Silber
- Window Color in Weiß, Apfelgrün, Grasgrün, Blattgrün, Pfirsich, Erdbeer, Strohgelb, Ocean, Fuchsia, Schwarz, Bernstein, Cognac
- Samtpuder in Weiß
- Acryl-Mattfarbe in Weiß
- Edelstahldraht in Schwarz, 1 mm Ø
- Blumenbindedraht in Schwarz, 0,35 mm Ø
- Prägefolie in Gold
- stabile Folie, 0,4 mm
- Laternenfolie, 0,2 mm
- Kraftkleber, transparent

Zusätzlich

- Prägestift oder Kugelschreiber
- Styropor oder Zeitung
- Rosenkranzzange
- Stricknadel

VORLAGEN 20, 21 Seiten 56 – 59

Schneemann & Co.

1 Die Konturen der Figuren auf stabile Folie malen, die Anhänger auf Laternenfolie. Die Arme und die Ohrenschützer-Verbindung aus 1-mm-Draht biegen; die Arme am Ansatz ankleben. Die Felder ausmalen; dabei den Ansatz der Arme mit reichlich Farbe übermalen. In die feuchte, weiße Farbe der Schneebälle Samtpuder einstreuen. Die Sterne im Schneemann bleiben unbemalt. Die Motive an den Umrissen entlang ausschneiden. Mit Acrylfarbe einen Lichtpunkt im Auge aufsetzen.

2 Je zwei Sterne und Herzen aus Prägefolie ausschneiden, die Rückseite auf einer weichen Unterlage mit einem Prägestift prägen und auf beiden Seiten des Weihnachtsmannes deckungsgleich aufkleben. Blumendraht über einer Stricknadel zu Spiralen eindrehen, abziehen, flach drücken und damit die Motive verbinden. Die Vögel mit Silikon oder Kraftkleber fixieren.

Bären-Weihnacht
Material & Abbildung siehe Seite 24

Die Konturen in Silber und Schwarz auf Laternenfolie zeichnen, trocknen lassen und die Felder farbig ausmalen. Die Motive nach dem Trocknen ausschneiden. Mit Acryl-Mattfarbe einen kleinen Lichtpunkt auf das Auge setzen. Lackdraht über einer Stricknadel zur Spirale drehen und damit die Motive verbinden. Die Klangstäbe mit Perlonfaden anbinden.

Bären-Weihnacht

MATERIAL

- Konturenfarben in Silber, Schwarz
- Window Color in Strohgelb, Pfirsich, Weiß, Apfelgrün, Grasgrün, Blattgrün, Erdbeer, Bernstein, Cognac, Ocean, Fuchsia
- Acryl-Mattfarbe in Weiß
- Klangstäbe in Grün, 9/11/13 cm
- Lackdraht in Schwarz, 0,5 mm Ø
- Laternenfolie, 0,2 mm
- Perlonfaden
- Acryl-Mattlack

Zusätzlich

- Stricknadel

VORLAGEN 22, 23 Seiten 54, 59

ANLEITUNG Seite 22

TIPP

Wer den Motiven das hochglänzende Aussehen nehmen will, kann sie mit einem Acryl-Mattlack überstreichen.

MATERIAL

- *Glasspitzvasen, 25 und 30 cm lang*
- *Satinierfarben in Frost, Eisblau*
- *Lackdraht in Silber, Blau, 0,5 mm Ø*
- *Metallic-Perlen in Blau, 6 mm Ø*
- *Metallic-Perlen in Blau, Gold, 3 mm Ø*
- *Kesselstrass, 6 mm Ø*
- *Strasssteine zum Aufkleben, 4 mm Ø*
- *Messingdraht, 0,3 mm Ø*
- *Kraftkleber*

Zusätzlich

- *Isolierband, ca. 10 mm breit*
- *Schwämmchen mit Klammer*
- *Stricknadel*

VORLAGEN 24, 25 Seiten 56, 54

Edle Vasen

Eiszapfen

1 Die Eiszapfen mit geschwungenem Isolierband begrenzen. Eisblau und Frost auf je einem Schwämmchen zügig aneinander setzen und den Übergang mehrmals übertupfen. Das Isolierband sofort abziehen. Im Backofen einbrennen. Unter den Spitzen Strasssteine aufkleben.

2 Auf silbernen Lackdraht 6-mm-Perlen aufschieben. Den Draht auf einer Stricknadel zur Spirale eindrehen, dabei in Abständen eine Perle aufschieben und mitwickeln. Die Perlenspirale mehrmals um den Glasrand wickeln und in den Löchern fixieren. Zum Aufhängen ein gedehnte blaue Lackdraht-Spirale in den Löchern der Vase befestigen.

Spiralvase

1 Das Isolierband spiralförmig von oben nach unten aufkleben. Satinierfarbe in Frost in senkrechten Stupfbewegungen auftragen. Das Isolierband sofort abziehen. Im Backofen einbrennen.

2 Perlensterne nach der Vorlage mit Messingdraht arbeiten. Sterne und einzelne blaue Perlen auf einen blauen Lackdraht schieben. Den Draht auf einer Stricknadel zur Spirale eindrehen und in Abständen einen Stern oder eine Perle mitwickeln. Die Spirale um das Glas wickeln und in den Löchern fixieren. Zum Aufhängen eine blaue Draht-Spirale in den Löchern befestigen.

MATERIAL

LICHTER & CO.

- Aludraht in Blau, Grün, 2 mm Ø
- Messingdraht, 0,3 mm Ø
- Lackdraht in Blau, 0,5 mm Ø

Zusätzlich

- Steckplatte mit Steckstiften, 18 x 18 cm
- Rosenkranzzange
- Stift

VORLAGE 26 *Seite 55*

Sternen-Teelichter

1 Die Steckstifte nach der Vorlage in die Löcher der Steckplatte schieben (siehe auch Seite 4: Draht-Steckplatte).

2 Die Sterne mit einem je 1,40 m langen Aludraht in Grün oder Blau über den Stiften formen. Dabei den Draht möglichst eng um die Stifte herum biegen. Alle Windungen mit einem Stift möglichst flach auf die Platte drücken.

3 Den ersten und letzten Kreis mit Lackdraht zusammenbinden.

TIPP

Die Sterne sehen auch schön als Baum- oder Fensterschmuck aus.

MATERIAL

- Teelicht-Glas, 5 cm Ø, 20 cm hoch
- Windlicht, 11 cm Ø, 15 cm hoch
- Deko-Kristall in Silber, fein, 1 mm
- Deko-Kleber
- Hologramm-Flitter in Gold, 2 mm
- Window Color in Weiß, Strohgelb
- Samtpuder in Weiß
- Deko-Kristall in Gold

VORLAGEN 27, 28 Seiten 57, 60

TIPP

Überschüssigen Samtpuder am besten im Freien abpusten und nach dem Trocknen mit einem Pinsel oder Besen abkehren.

Weiße Landschaften

Tannen-Windlicht

1 Die Vorlage aus Transparentpapier am besten mit einem Tuch im Glas fixieren. Die Bäume mit weißer Window-Color-Farbe zügig auf das Glas malen und sofort weißen Samtpuder aufstreuen.

2 Den Stern mit gelber Fenstermalfarbe grundieren und Flitter in Gold aufstreuen.

Winterliche Bäume

1 Das Transparentpapier mit der Vorlage mit einem Tuch im Glas fixieren. Zunächst die dickeren Äste mit Window-Color-Farbe in Weiß grundieren und sofort mit weißem Samtpuder bestreuen, dann Stück für Stück die dünneren Äste hinzufügen. So trocknet die Farbe nicht an und bindet den Samtpuder gut ein.

2 Auf einzelne Äste des Baumes Deko-Kleber auftragen und Deko-Kristall in Silber aufstreuen.

MATERIAL

- *Glas, viereckig, 13 cm hoch, 6 cm oben, 8 cm unten*
- *Glasvase, rund, 10 cm Ø*
- *Satinierfarben in Frost, Gold*
- *Schablonen „Eiskristalle", selbsthaftend*
- *Strasssteine zum Aufkleben, 4 mm Ø*
- *Lackdraht in Silber, 0,5 mm Ø*
- *Laternenfolie, 0,2 mm*
- *Deko-Kristall in Gold*
- *Aludraht in Gold, 2 mm Ø*
- *Kraftkleber*

Zusätzlich

- *Schwämmchen mit Klammer*
- *Isolierband*
- *Metalldüse, 0,7 mm Ø*
- *Stricknadel*
- *Nähnadel*
- *Rosenkranzzange*

VORLAGE 29 Seite 61

Schneeflocken

Windlicht

1 Den Tannenbaum mit Isolierband begrenzen und mit Satinierfarbe in Gold betupfen. Die Bänder sofort abziehen. Die Außenkanten mit Gold direkt aus der Flasche begrenzen.

2 Eiskristall-Schablonen aufkleben und Satinierfarbe in Frost mit einem Schwamm in senkrechten Stupfbewegungen auftragen. Die Schablone sofort abziehen. Die Farbe im Backofen einbrennen. Deko-Kristall einfüllen.

3 Für das Teelicht aus 90 cm Aludraht in Gold (2 mm) einen Halter nach Vorlage 29 biegen. Ein Ende (30 cm) zu einer Bodenspirale formen, den Draht zweimal um das Teelicht nach oben führen.

Kugelvase

1 Eiskristall-Schablonen auf das Glas drücken und mit einem Schwamm Satinierfarbe in Frost in senkrechten Stupfbewegungen auftragen. Die Schablone sofort abziehen. Die Farbe im Backofen einbrennen. Strasssteine in die Mitte der Schneeflocken kleben. Schneeflocken ebenso auf Laternenfolie auftragen und gewellt oder gezackt ausschneiden. Mit einer Nähnadel jeweils ein Loch stechen.

2 Drei Drahtspiralen herstellen. Dazu Lackdraht über einer Stricknadel eindrehen und nach dem Abziehen leicht aufziehen. Die Schneeflocken an den Enden befestigen. Die Drähte in der Mitte einmal um die Glas-Aufhängung wickeln. Mit eingedrehtem Lackdraht aufhängen.

MATERIAL

- Windlicht, 14 x 11 cm
- Japanpapier in verschiedenen Grün- und Blautönen
- Klebestift oder Serviettenkleber
- Folienkleber
- Metallic-Folie in Gold
- Deko-Ice in Kristall
- Deko-Kleber
- Satinierfarbe in Frost

Zusätzlich

- Schwämmchen mit Klammer
- Isolierband

VORLAGE 30 *Seite 60*

TIPP

Statt Folienkleber kann auch Konturen- oder Metallicfarbe in Gold verwendet werden.

Winterliche Häuser

1 Die Häuser mit einem Cutter aus Japanpapier ausschneiden; dabei mehrere Lagen übereinander legen und gleichzeitig ausschneiden. Jedes Haus auf eine alte Zeitung legen, flächig mit Klebestift oder Serviettenkleber bestreichen und auf das Glas kleben. Das letzte Haus passend einfügen.

2 Von den Kaminen oder Giebeln ausgehend die Flächen für den Rauch mit Isolierband begrenzen und mit senkrechten Stupfbewegungen Satinierfarbe mit einem Schwamm aufbringen. Die Bänder sofort wieder abziehen.

3 Die Außenlinien der Häuser und die Fensterkreuze mit Folienkleber bemalen. Wenn der Kleber transparent ist, die Metallic-Folie mit der Gold-Seite nach oben auflegen, gut andrücken und dann vorsichtig abheben.

4 Auf den Dächern und am unteren Rand der Häuser Deko-Kleber auftragen und sofort Deko-Ice aufstreuen.

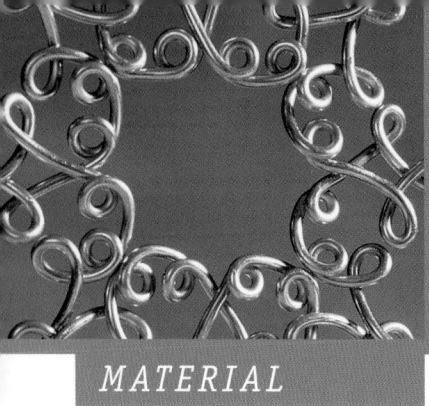

MATERIAL

- Teelicht-Glas, 6,5 cm Ø, 6 cm hoch
- Aludraht, 2 mm Ø
- Silberdraht, 0,4 mm Ø
- Klangstäbe-Set, 9/11/13 cm in Gold-Silber
- Perlonfaden

Zusätzlich

- Steckplatte mit Steckstiften, 18 x 18 cm
- Rosenkranzzange
- Stift

VORLAGEN 31, 32 *Seiten 58, 61*

Festlich in Silber

Sternen-Klangspiel

1 Die Stifte nach Vorlage 31 in die Steckplatte stecken und den Stern mit einem 1,30 m langen Aludraht über den Stiften formen. Dabei die Windungen mit einem Stift möglichst flach auf die Platte drücken.

2 Den ersten und letzten Kreis deckungsgleich aufeinander legen und einen Silberdraht bis zur Mitte durch beide Kreise ziehen; die Enden als Aufhängung zu einer Kordel verdrehen. Die Klangstäbe mit einem Perlonfaden am Stern anbinden.

Windlicht

1 Die Sternenverkleidung für das Windlicht in drei Arbeitsschritten mit einem 1,50 m langen Aludraht auf der Steckplatte formen: Die erste Sternenhälfte, wie auf der Vorlage aufgezeichnet, biegen. Dann die Biegungen von den Stiften abheben und den zuletzt gebogenen Stift auf den ersten Stift oben aufschieben.

2 Anschließend den zweiten Halbstern arbeiten, in der gleichen Weise abheben und ebenfalls mit dem letzten Kreis auf den ersten Stift setzen. Den dritten Halbstern mit dem letzten Kreis enden lassen und diesen mit dem Anfangskreis mit Silberdraht zusammenbinden. Beim Abheben von der Platte daran denken, vorher die Windungen mit einem Stift flach zu drücken.

MATERIAL

- *Glaskugel mit Loch, 10 cm Ø*
- *Windlicht, 8,5 cm, 7 cm Ø*
- *Satinierfarben in Frost, Gold*
- *Laternenfolie, 0,2 mm*
- *Messingdraht, 0,3 mm Ø*
- *Goldperlen, 3 mm Ø*
- *Klebefolie*

Zusätzlich

- *Isolierband, 10 mm breit*
- *Schwämmchen mit Klammer*
- *große Nähnadel*

VORLAGEN 5, 33 Seiten 52, 61

Sternenkugel

Windlicht

1 Den Baum aus Vorlage 5 viermal aus Klebefolie ausschneiden und aufkleben, dabei den Stamm etwas verlängern. Mit Isolierband am unteren Rand leicht geschwungene „Hügel" abkleben, auf denen die Bäume stehen.

2 Satinierfarbe in Gold und Frost mit je einem Schwamm in senkrechten Stupfbewegungen auftragen; dabei die Farbübergänge mehrmals übertupfen. Die Folie sofort abziehen. Die Farben im Backofen einbrennen.

Sternen-Kugel

1 Isolierband spiralförmig um die Kugel kleben. Bei der Öffnung beginnen. Ein Stück Schwamm an der Klammer fixieren und Satinierfarbe in senkrechten Stupfbewegungen auf das Glas übertragen; dabei Gold und Frost ineinander übergehen lassen. Die Schablonen und das Isolierband sofort entfernen, solange die Farbe noch nicht angetrocknet ist. Im Backofen bei 150 Grad einbrennen.

2 Die Sterne ebenso auf Laternenfolie satinieren; nach dem Trocknen ausschneiden und zwei Löcher hineinstechen. Im Wechsel Perlen und Sterne auf einen 50, 60 und 70 cm langen Draht ziehen. Die Enden zu flachen Spiralen eindrehen. Die drei Drähte mit der Mitte einmal um die Aufhängung der Kugel wickeln. Zum Aufhängen zwei Drähte mittig einziehen, Perlen aufziehen und zu Kordeln verdrehen.

BAUMSCHMUCK

MATERIAL

- Aludraht in Grün, 2 mm Ø
- Lackdraht in Smaragd, 0,5 mm Ø
- Metallic-Perlen in Rot, 3 mm Ø, 6 mm Ø
- Metallic-Perlen in Gold, 2,5 mm Ø
- Rocailles in Schwarz, 2,5 mm Ø
- Plexiglas-Kegel in Grün, 26 x 21 mm
- Plexiglas-Perle in Grün, 20 mm Ø
- Goldperle, 3 mm Ø
- Perlonfaden

Zusätzlich

- Rosenkranzzange
- Eisenstab oder Twister, 2 mm Ø

VORLAGEN 34 – 36 Seiten 61, 62

Zartes in Grün

Tannenbaum

1 Eine etwa 30 cm lange Spirale aus Lackdraht über dem Eisenstab drehen und 1 m Aludraht damit beziehen; dabei die Spirale über die gesamte Länge dehnen. Für den Baum mit der Zange bzw. den Fingern eine flache Spirale drehen und diese aufziehen. Das Ende als Baumstamm eng über dem Eisenstab zur Spirale drehen.

2 Kerzen aus Perlen und Messingdraht nach der Vorlage von oben nach unten arbeiten: Die erste Perle in die Mitte des Drahtes schieben, die Perlen für jede weitere Reihe mit einem Drahtende aufnehmen und das andere Drahtende entgegengesetzt zurückschieben. Zuletzt die Enden miteinander verknoten.

3 Jede Kerze (durch die drittletzte Reihe) oder rote 6-mm-Perlen in die Mitte eines Lackdrahtes (60 cm) schieben und die Drahtenden über dem Eisenstab zur Spirale drehen. Die Spiralen etwas dehnen und um den Aludraht wickeln. Als Aufhängung eine Lackdraht-Spirale über dem Eisenstab drehen und dabei in Abständen rote Perlen aufschieben.

Für jeden **Anhänger** 10 cm lange Spirale aus Lackdraht mit dem Eisenstab herstellen und einen 30 cm langen Aludraht damit überziehen. Die Spirale über die gesamte Länge dehnen. Die Anhänger mit der Zange bzw. mit den Fingern formen. Plexiglasteile mit Perlonfaden anbinden.

MATERIAL

- Christbaumkugeln in Blau, matt, 8 cm Ø
- Folienkleber
- Metallic-Folie in Gold
- Strasssteine, 4 mm Ø
- Kraftkleber

VORLAGEN 37 – 39 Seite 62

Kugeln in Blau-Gold

1 Durch kleine Bleistiftstriche die Kugel vierteln. Die jeweilige Vorlage auf Transparentpapier übertragen und auf der Rückseite mit einem weichen Bleistift kräftig nachzeichnen. Das Papier auf der Kugel platzieren und die Bleistiftspuren mit einem harten Bleistift viermal auf die Kugel übertragen.

2 Das Motiv mit Folienkleber nachmalen.

3 Wenn der Kleber transparent geworden ist, die Metallic-Folie mit der Goldseite nach oben auflegen und mit den Fingern gut andrücken, auch an den Seiten der erhabenen Linien.

4 Die Folie vorsichtig abziehen. Wenn an einzelnen Stellen der Kleber noch zu sehen ist, die Folie erneut andrücken.

5 Vereinzelt Strasssteine aufkleben.

MATERIAL

- Christbaumkugeln in Rot, matt, 8 cm Ø
- Folienkleber
- Metallic-Folie in Gold
- Window Color in Weiß, Bernstein
- Samtpuder in Weiß, Hellbraun
- Deko-Kleber
- Hologramm-Flitter in Gold, 2 mm
- Acryl-Mattfarbe in Schwarz

VORLAGEN 40, 41 Seite 63

Kugeln in Rot

1 Die jeweilige Vorlage auf Transparentpapier übertragen und auf der Rückseite mit einem weichen Bleistift kräftig nachzeichnen. Das Papier auf der Kugel platzieren und die Bleistiftspuren mit einem harten Bleistift auf die Kugel übertragen. Die Motive mit Folienkleber auf die Kugeln malen. Wenn der Kleber transparent wird, Metallic-Folie mit der goldfarbenen Seite nach oben auflegen und mit den Fingern andrücken, auch an den Seiten der erhabenen Linien. Anschließend die Folie vorsichtig abziehen. Falls noch Klebstoffspuren sichtbar sind, die Folie nochmals auflegen und andrücken.

2 Einzelne Felder mit Window Color in Weiß oder Bernstein grundieren und sofort Samtpuder in Weiß oder Hellbraun aufstreuen. Überschüssige Teilchen abpusten und nach dem Trocknen mit einem Pinsel oder Besen abkehren. Die kleinen Motive beim Teddy mit Deko-Kleber ausfüllen und Flitter aufstreuen.

TIPP

Die Konturen können auch mit Konturenfarbe in Gold gearbeitet werden.

MATERIAL

- Laternenfolie, 0,2 mm Ø
- Faserseide in Silber
- Folienkleber
- Metallic-Folie in Gold
- Window Color in Apfelgrün, Grasgrün, Blattgrün, Strohgelb, Pfirsich, Erdbeer, Fuchsia, Brombeer, Saphir
- Perlonfaden

VORLAGEN 42 – 44 Seiten 62, 63

Baum-Anhänger

1 Die Vorlagen unter der Laternenfolie platzieren und die Linien mit Folienkleber aufmalen. Sobald der Kleber transparent geworden ist, die Metallic-Folie mit der Gold-Seite nach oben auflegen und mit den Fingern gut andrücken. Die Folie auch an den Seiten der erhabenen Linien, zum Beispiel mit einer Stricknadel oder dem Fingernagel, gut andrücken. Die Folie vorsichtig abheben.

2 Die Umrisse der Motive auf der Rückseite mit Folienkleber nachfahren und Faserseide aufkleben. Die Motive an den Umrissen entlang ausschneiden. Einzelne Teilflächen mit Window Color farbig gestalten. Die Figuren mit Perlonfaden als Aufhängung versehen.

VORLAGEN

1

2

3

Seite 48

9

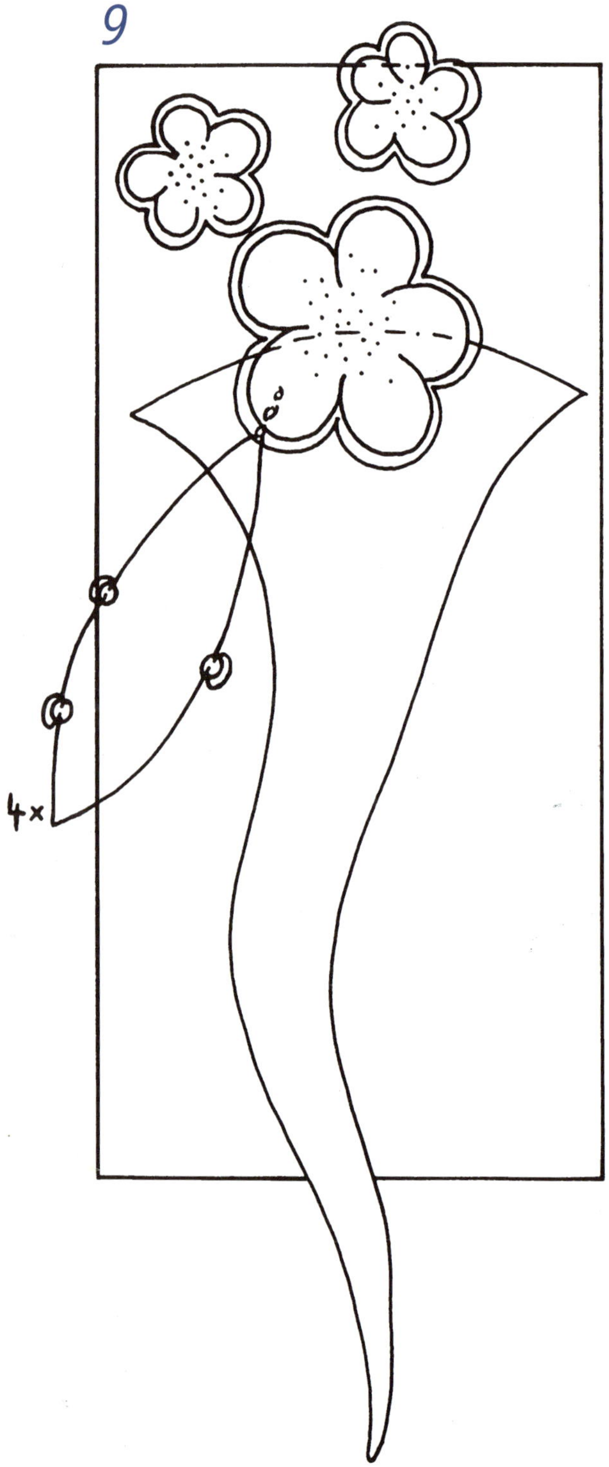

10

4x

5

11

12

Seite 52

13

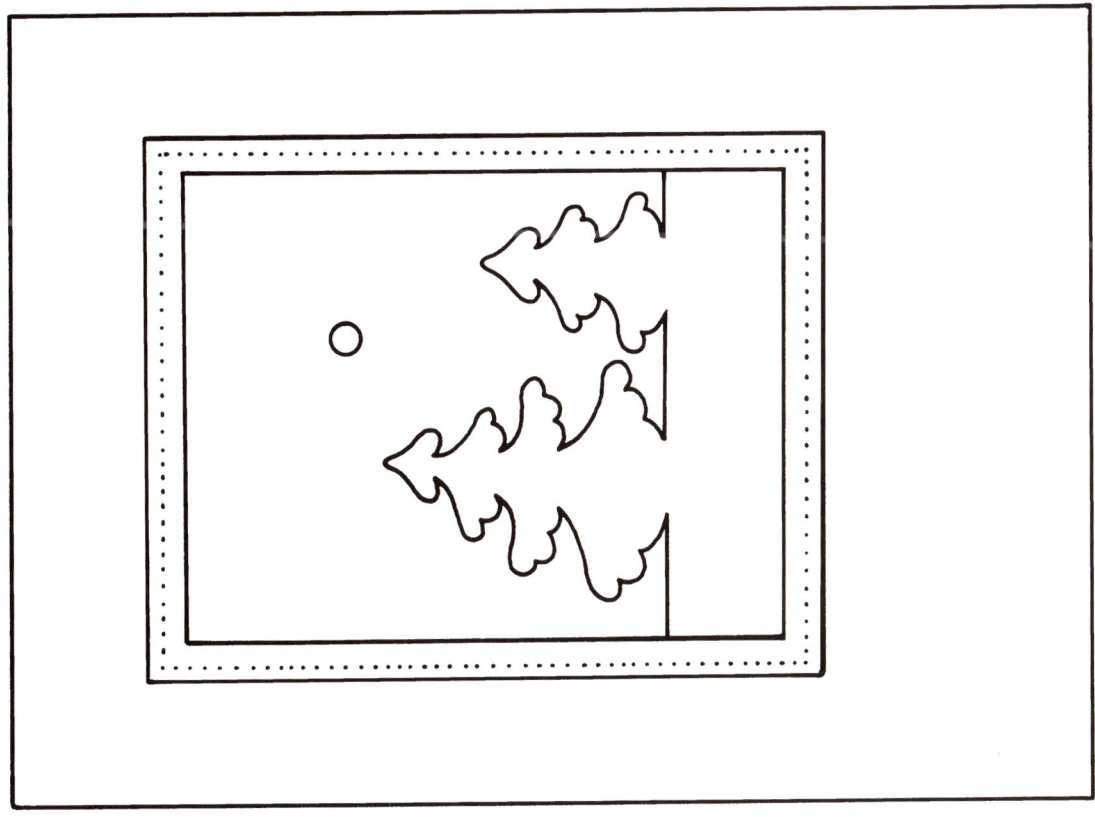

14

15

Seite 53

19 40 cm

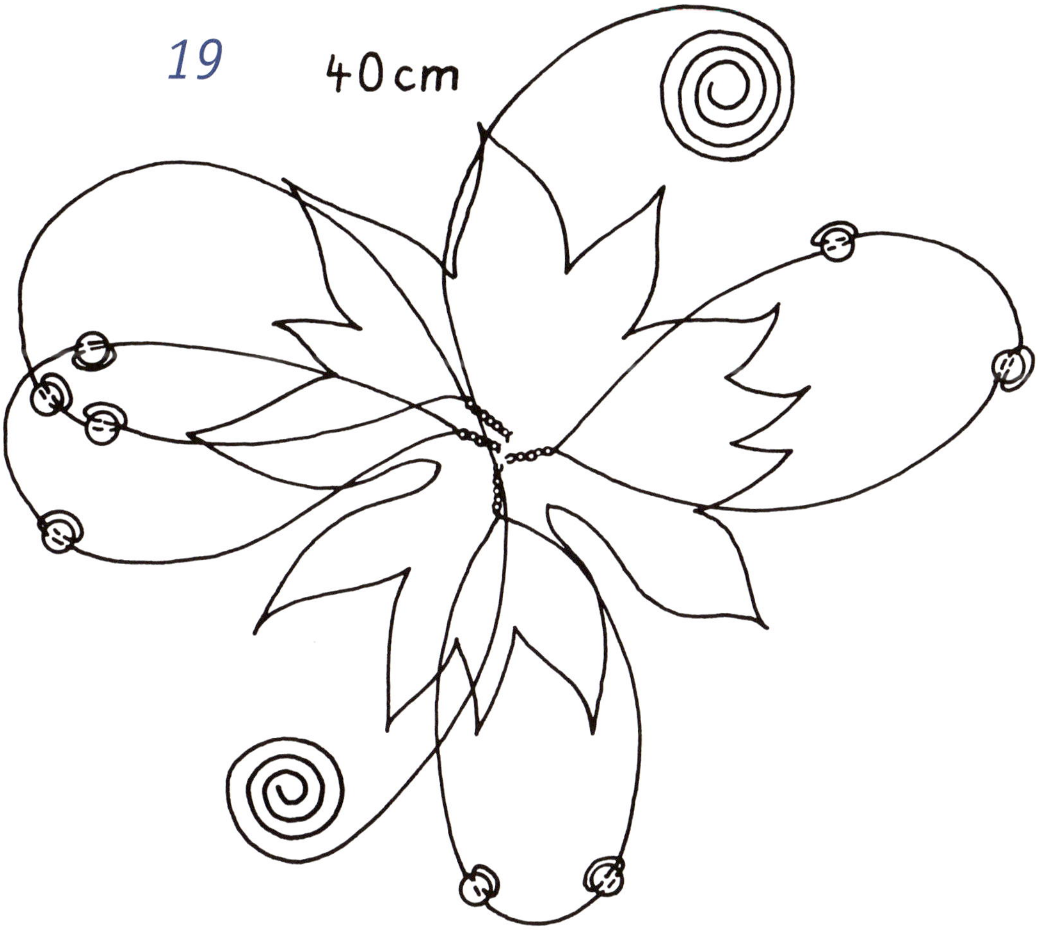

26

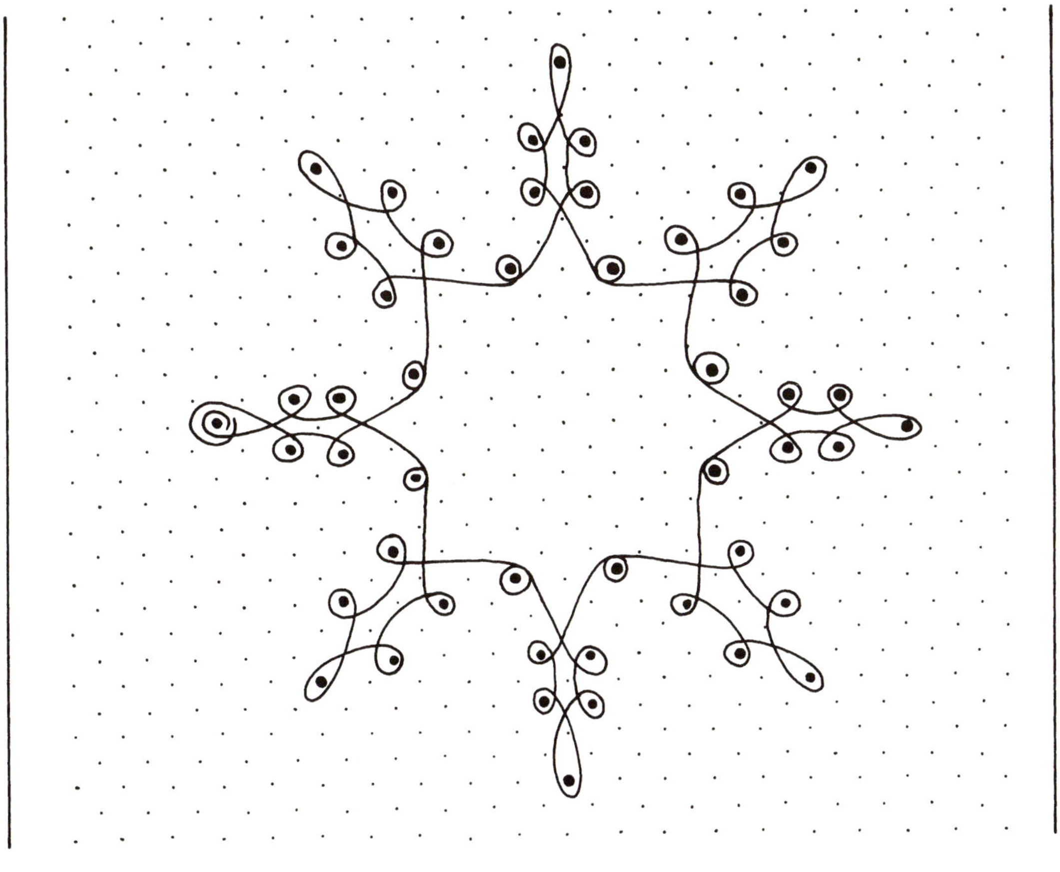

1,40 m

Seite 55

20

24

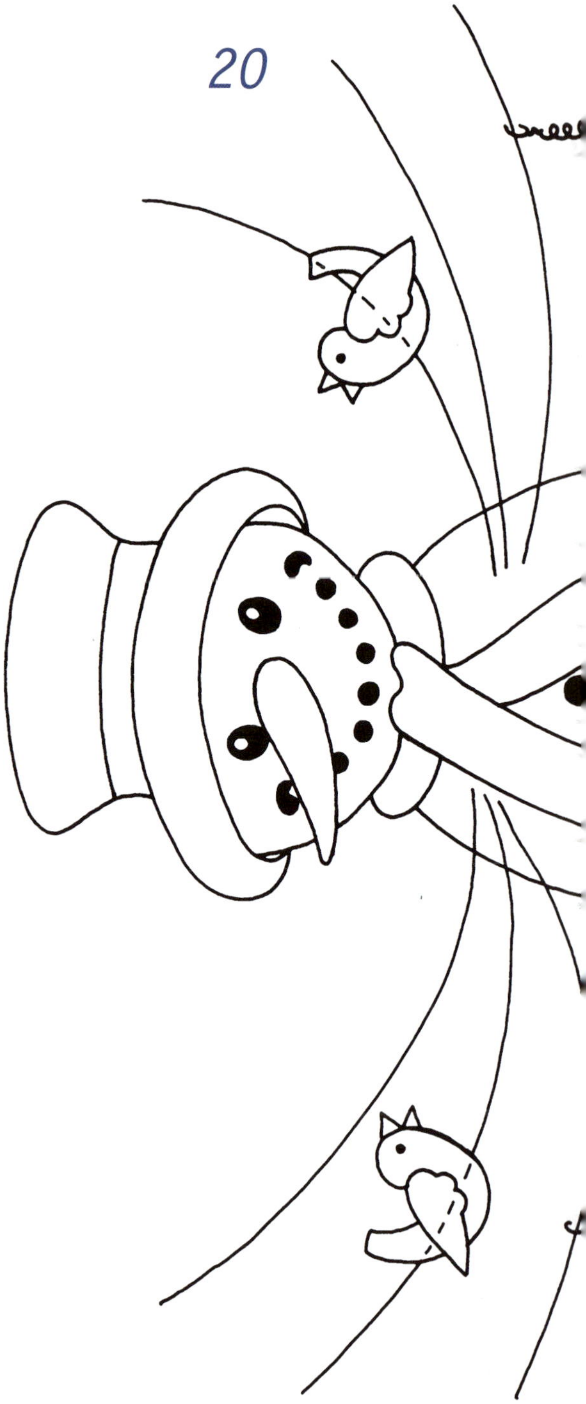

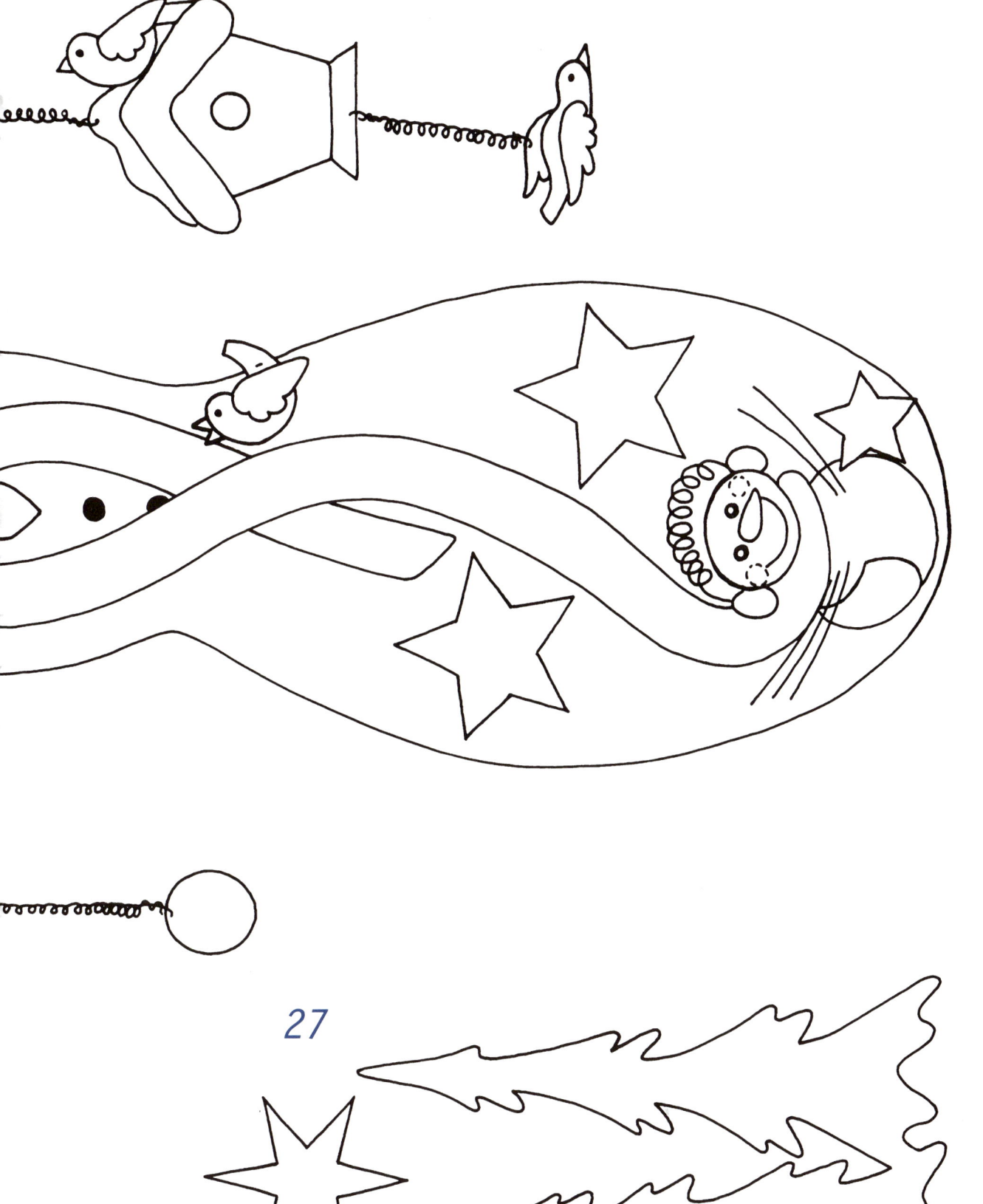

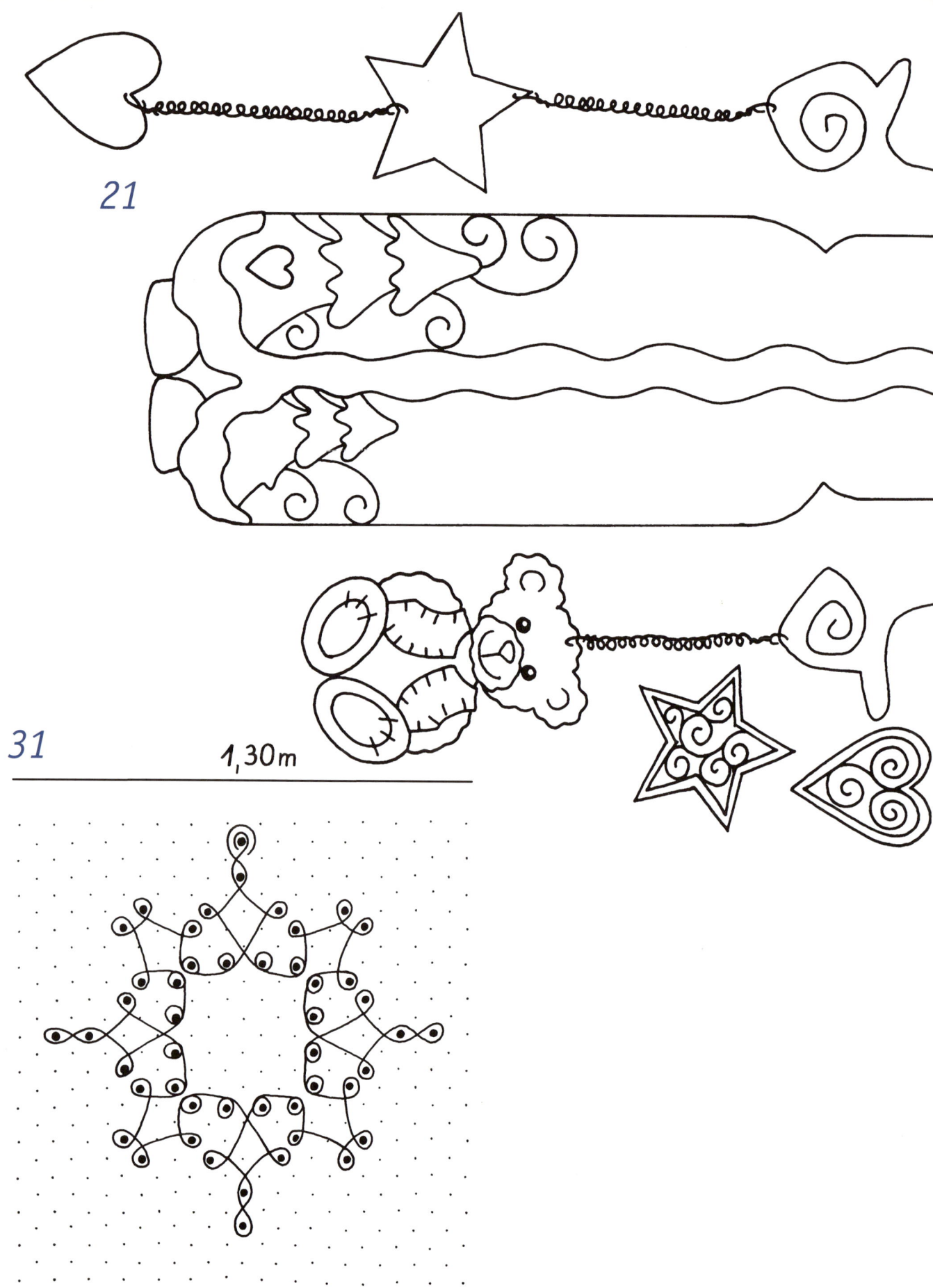

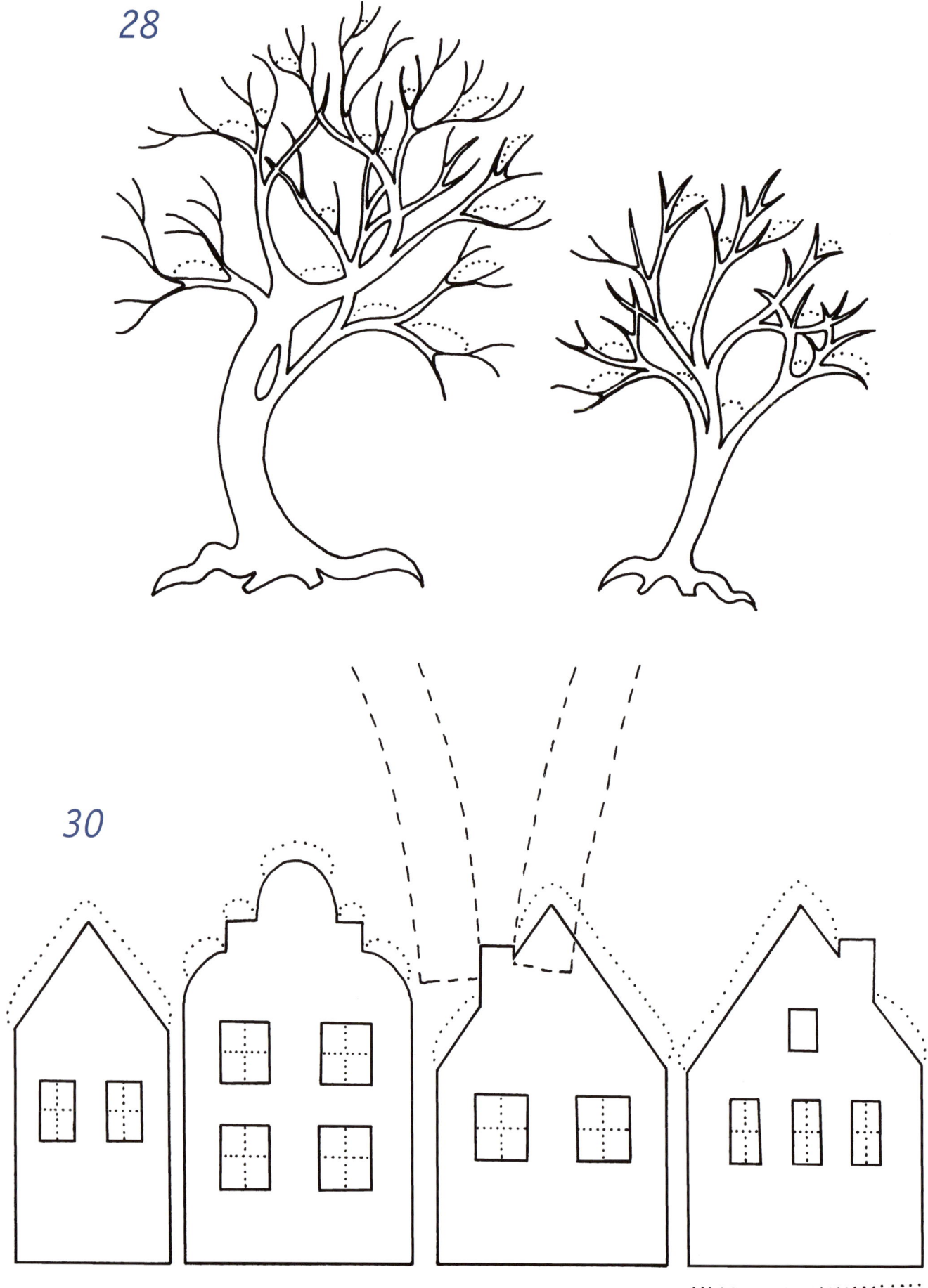

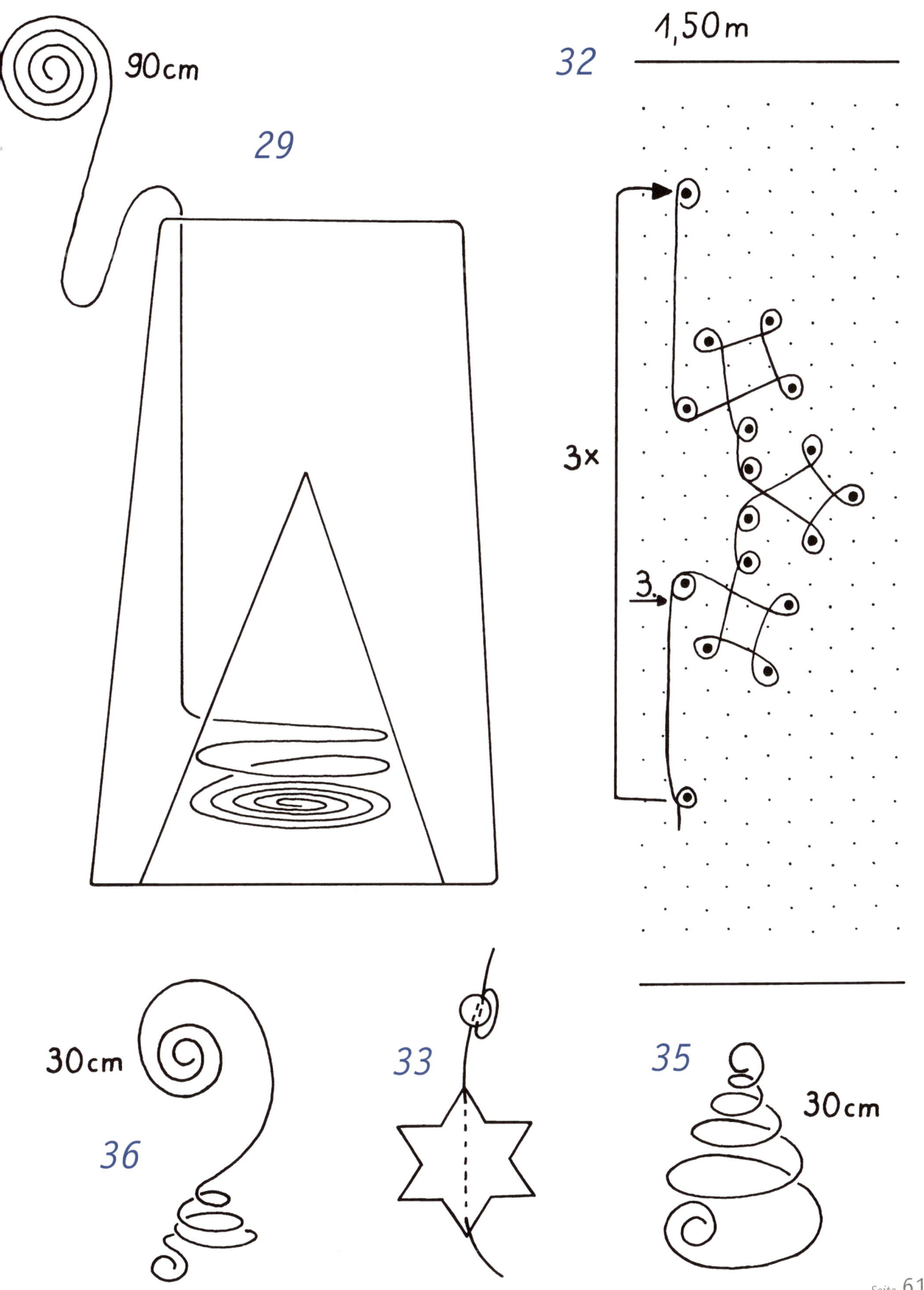

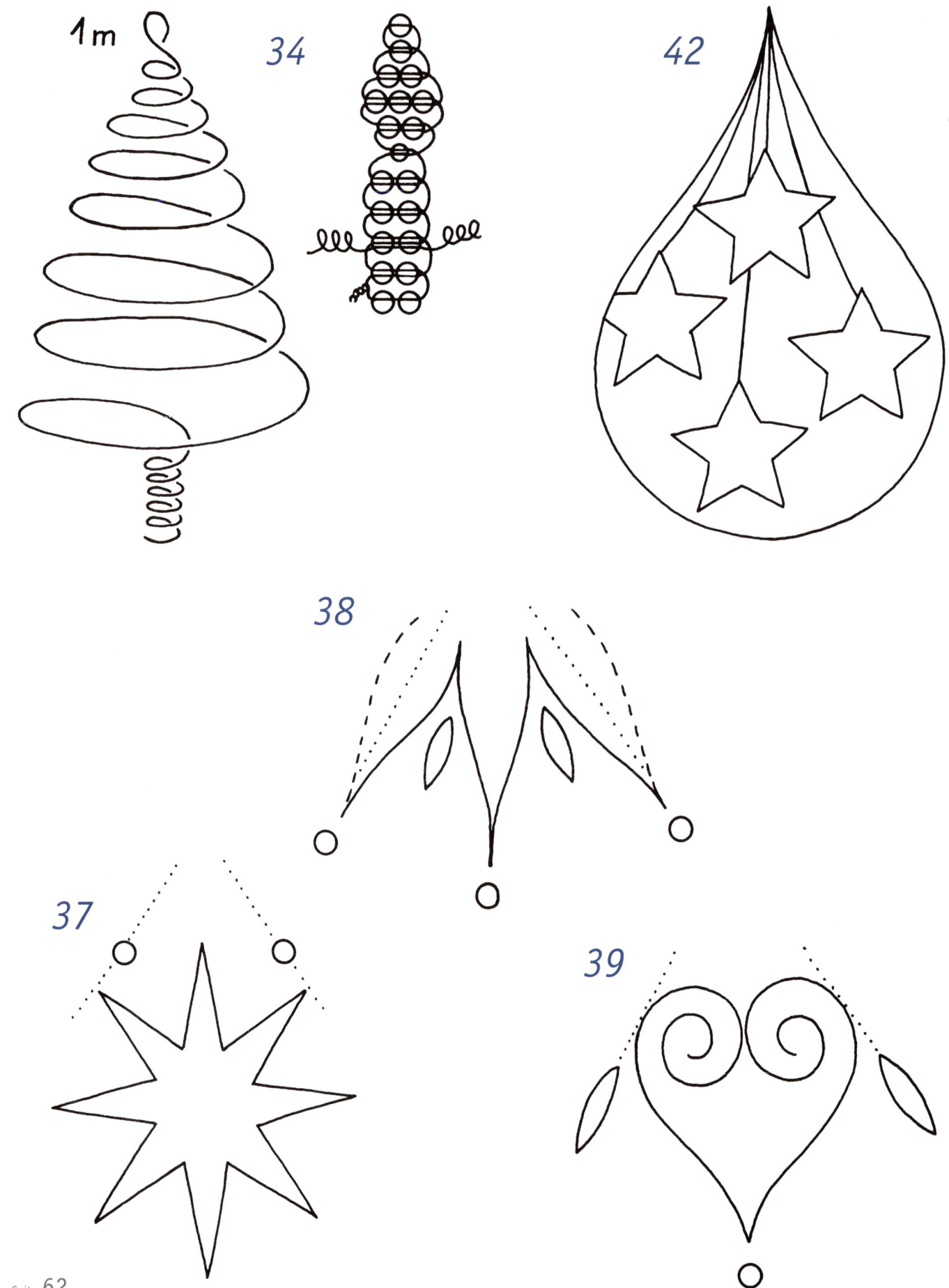

Weitere Titel aus dieser CHRISTOPHORUS-Reihe

IMPRESSUM

© 2003
Christophorus-Verlag GmbH
Freiburg im Breisgau
Alle Rechte vorbehalten –
Printed in Germany
ISBN 3-419-53259-8

Jede gewerbliche Nutzung der Arbeiten und Entwürfe ist nur mit Genehmigung der Urheberin und des Verlages gestattet. Bei Anwendung im Unterricht und in Kursen ist auf diesen Band hinzuweisen.

Lektorat:
Irmgard Böhler, Wiesbaden

Styling und Fotos:
Roland Krieg, Waldkirch

Layoutentwurf:
Network!, München

Gesamtproduktion:
Carsten Schorn, Merzhausen

Druck:
Himmer, Augsburg

Wir sind für Sie da, wenn Sie Fragen haben. Und wir interessieren uns für Ihre eigenen Ideen und Anregungen. Schreiben Sie uns, wir hören gerne von Ihnen!
Ihr Christophorus-Team

Christophorus-Verlag GmbH
Hermann-Herder-Str. 4
79104 Freiburg
Tel. 0761/27 17 - 0
Fax 0761/27 17 - 352
oder e-mail:
info@christophorus-verlag.de
www.christophorus-verlag.de

3-419-53256-3

3-419-53257-1

3-419-53260-1

3-419-53258-X

3-419-53261-X